Made in the USA
Las Vegas, NV
29 June 2024

91642791R00061